BEI GRIN MACHT SICH IHR WISSEN BEZAHLT

- Wir veröffentlichen Ihre Hausarbeit,
  Bachelor- und Masterarbeit

- Ihr eigenes eBook und Buch -
  weltweit in allen wichtigen Shops

- Verdienen Sie an jedem Verkauf

Jetzt bei www.GRIN.com hochladen und kostenlos publizieren

Mario Gentz

Employability versus Beruf

GRIN Verlag

Bibliografische Information der Deutschen Nationalbibliothek:

Die Deutsche Bibliothek verzeichnet diese Publikation in der Deutschen National-
bibliografie; detaillierte bibliografische Daten sind im Internet über http://dnb.d-
nb.de/ abrufbar.

Impressum:

Copyright © 2006 GRIN Verlag, Open Publishing GmbH
Druck und Bindung: Books on Demand GmbH, Norderstedt Germany
ISBN: 978-3-640-42330-9

Dieses Buch bei GRIN:

http://www.grin.com/de/e-book/84390/employability-versus-beruf

GRIN - Your knowledge has value

Der GRIN Verlag publiziert seit 1998 wissenschaftliche Arbeiten von Studenten, Hochschullehrern und anderen Akademikern als eBook und gedrucktes Buch. Die Verlagswebsite www.grin.com ist die ideale Plattform zur Veröffentlichung von Hausarbeiten, Abschlussarbeiten, wissenschaftlichen Aufsätzen, Dissertationen und Fachbüchern.

Besuchen Sie uns im Internet:

http://www.grin.com/

http://www.facebook.com/grincom

http://www.twitter.com/grin_com

Helmut Schmidt Universität   Hamburg, den 13.02.2008
Oberleutnant Mario Gentz

Berufs- und Betriebspädagogik
Didaktik und Methodik in der beruflichen Bildung
Seminar 32.806 Wintertrimester
Ausgearbeitet Referat zum Thema:

Employability
versus Beruf

Gliederung: **Seite**

1. Einleitung

Die wirtschaftliche Lage in Deutschland (und anderswo auf der Welt) hat sich in den letzen zehn bis zwanzig Jahren deutlich verschärft. Gründe dafür sind zum einen die Globalisierung, die es dem Unternehmen ermöglicht, weltweit ihre Waren und Produkte zu produzieren. Das hat die Folge, dass Billiglohnländer bei einfachen Arbeiten oder Produktionsprozessen ganz hoch im Kurs stehen. Ein weiteres Problem des deutschen Arbeitsmarktes (und der deutschen Bevölkerung) ist der demographische Wandel. Dieser hat zur Folge, dass wir (Deutschen) nicht genügend qualifizierten Nachwuchs „produzieren", um die nötigen Stellen in der Wirtschaft zu besetzen. Was auch heißt, dass entweder Externe eingekauft werden müssen oder „die Alten" noch einmal umlernen sollten.

Bei der allerdings heutigen, sehr schnelllebigen Wirtschaft, ist ein Umdenken und Umlernen gar nicht so einfach, vor allem dann nicht, wenn man beispielsweise in den 70ern einen Ausbildungsberuf erlernt hat und 30 Jahre in diesem gearbeitet hat, ohne sich dabei fachübergreifend weiterzubilden. Nach einer solch lagen Zeit beherrscht dieser Arbeiter zwar „sein" Handwerk perfekt, aber da er sich nie auf anderen Gebieten weitergebildet oder auch nur informiert hat (warum sollte er auch, da die Erlernung eines Berufs doch für ein Leben lang sein sollte) wird es nur schwer möglich sein, diesem Arbeiter noch etwas Neues, fachfremdes beizubringen.

In der heutigen Arbeitswelt ist diese Fähigkeit, sich schnell anzupassen und in immer neue „Rollen der Berufswelt" zu schlüpfen ein wesentlicher Vorteil der Berufssicherheit. Dieser Faktor wird mehr und mehr entscheidend in der „Arbeitsplatzsicherheit", denn nur wer das Zeug zum schnellen Anpassen in einer schnelllebigen Wirtschaft hat, hat einen Selektionsvorteil gegenüber andern und kann somit seinen Platz behaupten. Genau über dieses Phänomen, der Frage nach „Employability" wird in Deutschland seit ein paar Jahren diskutiert. Angesichts beständig hoher Arbeitslosenzahlen steigt Employability oder „Beschäftigungsfähigkeit" (zu Deutsch) zum neuen Hoffnungsträger auf (vgl. Kraus, K. 2005, S.574).

2. Grundlegende Problematik

„Als zusammenfassende Bezeichnung der individuellen Fähigkeiten, die eine Beschäftigung ermöglichen, tritt 'Employability' im deutschen Kontext in Konkurrenz zum Beruf, der traditionell Ausdruck und Ausgangspunkt für die individuelle Möglichkeit zur Beschäftigung ist. Dadurch entsteht eine Art 'Konkurrenzverhältnis' zwischen 'Employability' bzw. 'Beschäftigungsfähigkeit' auf der einen Seite und dem 'Beruf' auf der anderen Seite." (Kraus, K. 2005, S. 575)

Beide Ansätze haben das Ziel, die Erwerbsarbeit für die Arbeitnehmer zu konzipieren und strukturalisieren, damit jeder einzelne einer Tätigkeit oder einem Beruf nachgehen kann, mit dem er seinen Lebensunterhalt verdient. Bei gleichem Ziel liegt von vornherein eine Rivalität vor, da immer geschaut wird, welches System das „Bessere" ist bzw. welcher Ansatz den Mitarbeiter gezielter auf den Arbeitsmarkt vorbereitet, oder es wird der einfachen, aber doch wichtigen Frage nachgegangen, welcher der beiden Ansätze ökonomischer ist. Daher ist im weiteren Verlauf der Focus auf den Weg gerichtet, der zum Erreichen des Ziels eingeschlagen wird, denn an dieser Stelle unterscheiden sich beide Ansätze von einander.

2.1. Begriffsklärung Employability

„Beschäftigungsfähigkeit beschreibt die Fähigkeit einer Person, auf der Grundlage ihrer fachlichen und Handlungskompetenzen, Wertschöpfungs- und Leistungsfähigkeit ihre Arbeitskraft anbieten zu können und damit in das Erwerbsleben einzutreten, ihre Arbeitsstelle zu halten oder, wenn nötig, sich eine neue Erwerbsbeschäftigung zu suchen." (Blancke, S u.a. 2000, S. 9)

„Um im Rennen zu bleiben, sind – so abgegriffen es auch klingen mag – Flexibilität, eine 'Antenne' für neue Trends und ein Faible für lebenslanges Lernen wichtige Eigenschaften, um in einem sich ständig wandelnden Markt bestehen zu können. Diese Kernkompetenz wird in Fachkreisen als Employability diskutiert. Gemeint ist damit, dass ein jeder von uns dafür zu sorgen hat, dass er oder sie 'einstellungsfähig' wird und bleibt. Für den betrieblichen Einsatz müssen Erwerbstätige bestimmte (Mindest-) Voraus-Setzungen erfüllen." (Ratzek, W. 1999, S. 112)

„Es muss die Erkenntnis reifen, dass eine sichere Erwerbsquelle heute und in der Zukunft abhängig ist von der unbedingten und steten Bereitschaft zur Weiterbildung, zu Flexibilität und zum Wechsel, den Schlüsselkriterien der individuellen Beschäftigungsfähigkeit (Employability)." (Fischer, H./Brümmer, R. 2001, S. 158)

Diese Definitionen stellen gut dar, was bei dem Begriff Employability wichtig ist und wo die Schwerpunkte liegen. Grund dieser Neuorientierung sind die sich ständig wandelnden Märkte und die zunehmende Globalisierung. Daraus resultiert, dass gerade in Hochlohnländern, wie beispielsweise Deutschland, die Beschäftigungssicherheit zumeist nur durch Innovationsführerschaft zu sichern ist. Das bedeutet, dass innovative Produkte von anderen Volkswirtschaften teuer (bei uns) eingekauft werden müssen, da diese Volkswirtschaften die Produkte noch nicht selbst herstellen können, aber benötigen (vgl. Berger 2005, Folie 13). Daraus geht hervor, wie in den Definitionen schon geschrieben, dass dieser Vorsprung, beispielsweise an Innovation, hier zumeist von der Person selber, dem Arbeitnehmer, ausgeht und dieser flexibel sein muss und sich selbstständig anpassen sollte; er muss aktiv ins Geschehen eingreifen, beispielsweise durch „lebenslanges Lernen" und Flexibilität.

Der Schwerpunkt bei diesem Ansatz liegt nicht auf einer langjährigen Ausbildung die tief ins Detail geht und einen zum Fachmann der Materie macht, sondern eher darin, dem zukünftigen Arbeitnehmer so auszustatten, dass er zwar Fachwissen vermittelt bekommt, aber ein weiterer Schwerpunkt auf der Vermittlung von Schlüsselqualifikationen[1] liegt, sodass er bei einem sich ändernden Arbeitsmarkt flexibel und schnell reagieren kann. Da das spezifische Fachwissen erst im Betrieb auf das jeweilige Themenfeld vertieft beigebracht wird, ist die Ausbildung auch schneller durchzuführen und dem entsprechend kann hier ein jüngerer Arbeitnehmer auf dem Arbeitsmarkt vermittelt werden, der durch sein Alter Wettbewerbsvorteile haben kann.

Gerade diese „weichen Faktoren" wie Lernbereitschaft, Flexibilität oder der Problemlösungskompetenz werden bei Unternehmen immer wichtiger und bei der Suche nach neuen Mitarbeitern liegt neben der fachlichen Kompetenz ein Hauptaugenmerk darauf, denn Unternehmen haben gemerkt, dass Fachwissen alleine nicht mehr ausreichend ist.

---

[1] Charakterisierend für diese sind, dass sie keinen „unmittelbaren und begrenzten Bezug zu bestimmten disparaten praktischen Tätigkeiten erbringen, sondern vielmehr a) die Eignung für eine große Zahl von Positionen und Funktionen als alternative Option zum gleichen Zeitpunkt, und b) die Eignung für die Bewältigung einer Sequenz von (meist unvorhersehbaren) Änderungen von Anforderungen im Laufe eines Lebens." (Mertens, . 1974, S. 40)

2.2. Der Beruf

In dieser Diskussion geht es um die deutsche Berufsausbildung, da diese einmalig auf der Welt ist. Dies fängt schon beim Namen an. Während man im englischen einem „job" nachgeht, einer vorübergehenden Anstellung, die einen Beschäftigungszweck dient, ist das Deutsche Pondon der „Beruf". Hergeleitet von der „Berufung", die sinnbildlich für Lebensaufgabe steht, etwas ein Leben lang von sich aus ausüben. Von dieser Grundüberlegung her und von der Vergangenheit des Berufes, die in mittelalterlichen Handwerksberufen gesehen werden kann (vgl. Kraus, K. 2006, S. 143) ist es nicht verwunderlich, dass eine solche „Tätigkeit" eine ganz andere Ausbildung benötigt, als ein, im angelsächsischen vorkommender „job".

Der Grundgedanke dieser Ausbildung ist das so genannte „Duale System". Es besteht aus zwei verschiedenen, räumlichen getrennten Ausbildungsteilen (deshalb so benannt), die nicht nacheinander sondern parallel zu einander ablaufen. Die gesamte Ausbildung dauert im Schnitt drei Jahre. Es gibt diese in zwei verschiedenen Bereichen, zum einen in den handwerklich- und technischen Bereichen, wie z.B. Maler, Schlosser, Tischler oder Kfz-Mechaniker zum anderen im kaufmännischen Bereich, wie z.B.: Bankkaufmann oder Versicherungskaufmann. Beide Richtungen laufen von der Grundidee identisch ab, nur mit unterschiedlichen Lernfächern.

Der erste Teil ist die theoretische Wissensvermittlung an einer Berufsschule, um dem Berufsschüler das nötige Handwerkszeug mit an die Hand zu geben. Das ganze findet mit Absicht überbetrieblich statt, da sich der Schüler so nicht von einem Betrieb und dessen spezieller Vorgehensweise abhängig macht, sondern er lernt, wie es theoretisch in allen Betrieb funktioniert. Für die praktische Komponente sorgt der zweite Teil der Ausbildung, der in einem Ausbildungsbetrieb stattfindet. Hier bekommt er gezeigt, wie die Praxis aussieht und wie es in diesem speziellen Unternehmen umgesetzt wird. Der Schüler verbringt zumeist drei Tagen der Woche in seinem Ausbildungsbetrieb und muss an zwei Tage der Woche die Schulbank „drücken". Der Inhalt der Unterrichte sieht vor, dass zuerst eine Wissensvermittlung stattfindet, die dann in den Betrieben praktisch angewendet werden sollte.

Dieses Konzept wurde aus dem geschichtlichen Hintergrund entwickelt, dass ein Mitarbeiter in seinem Beruf ein Leben lang arbeitet und deshalb ein genaues Wissen über sein Tun und Handeln haben muss. Daher ist auch die Ausbildungszeit von drei Jahren nötig, um ihn detailliert auf die Arbeitswelt vorzubereiten. Weiterhin war das Konzept so gedacht, dass ein Betrieb nur so viele Auszubildende annimmt, wie er auch übernehmen kann. Also andersherum gesagt, war angedacht, dass der Berufsschüler in seinem Ausbildungsbetrieb übernommen werden sollte, weil er durch seine dortige Ausbildung gleichzeit die Vorgehensweise des Betriebes wusste, und nicht mehr neu in einem anderen Betrieb angelernt werden musste.

Eine solche neue „Anlernung" ist nötig, da jeder Betrieb unterschiedlich arbeitet bzw. unterschiedliche Maschinen oder Computerprogramme besitzt. Dieses „An-" oder „Umlernen" viel den Arbeitnehmern aber nicht sonderlich schwer und ging auch relativ schnell, da ja in der Schule das theoretische Wissen vermittelt wurde. Somit war der Arbeitnehmer nicht unbedingt an einen Betrieb gebunden und von diesem Abhängig.

2.3. Die Kritik am Beruf

„Dieses Spannungsverhältnis erhält nicht zuletzt dadurch Bedeutung, dass der Beruf sowohl im ökonomischen und gesellschaftlichen Kontext wie auch innerhalb der Berufs- und Wirtschaftspädagogik ein zugleich grundlegendes wie umstrittenes Konzept ist, das seit Jahrzehnten zu kontroversen Positionierungen in der Frage führt, ob der Beruf angesichts ökonomischer und gesellschaftlich Veränderungen immer noch adäquat sei, oder ob er nicht vielmehr durch andere (modernere) Konzepte ersetzt werden müsse." (Kraus, K. 2005, S. 575)

Es gibt zumeist zwei Kritikpunkte an der beruflichen Ausbildung: der Erste ist die lange Dauer der Ausbildung und das damit verbundene „relativ hohe Alter" der fertig ausgebildeten Arbeitnehmer wenn sie auf den Arbeitsmarkt treffen, im Vergleich zu Bewerbern, die aus dem Ausland kommen und dort eine Ausbildung absolviert haben. Der zweite Punkt ist die kostenintensive und sehr vertieft und spezielle Ausbildung, die auch auf „Schräubchenkunde" bzw. Detailwissen ausgelegt ist.

Das „relativ hohe Alter" der Absolventen wird immer wieder ins Feld geführt, ist aber zu vernachlässigen, da ein Großteil Berufsanfänger mit einer abgeschlossenen Lehre meist zwischen 19 und 21 Jahre alt sind. Die ausländischen Konkurrenten sind im Schnitt vielleicht zwischen 17 und 19 Jahren, was in dieser Alterskategorie noch nicht wirklich so dramatisch ist. Viel entscheidender ist der zweite Kritikpunkt, der sich natürlich auch im Alter widerspiegelt, es geht um das Wissen, das der Arbeitnehmer aus seiner Lehre mitbringt. Dadurch, dass der deutsche Arbeitnehmer später auf den Arbeitsmarkt trifft, ist sein Wissen um die Thematik größer, da er länger ausgebildet wurde. Die zentrale Frage liegt heute allerdings darin, ob diese detaillierte Ausbildung noch gebraucht wird. Von der Seite der Gewerkschaften und zum Teil der Politik wird ins Feld geführt, dass man den Arbeitnehmer unabhängig von einem Betrieb ausbilden möchte, so dass er nicht von diesem Abhängig ist, da die Wirtschaft die Arbeitnehmer bzw. Auszubildende am liebsten ganz alleine ausbilden würde. Wenn der Arbeitnehmer nur diese Sichtweise eines Betriebes gezeigt bekommen hat und nur diese eine Vorgehensweise kennt, müsste er bei einem Wechsel des Arbeitgebers in einen neuen Betrieb komplett von vorn Anfangen und alles neu erlernen. Somit wäre der Arbeitnehmer im hohen Maße erpressbar und die Industrie könnte ihn „ausbeuten"[2].

Von der Industrie und dem Unternehmen wird dagegen angegeben, dass ein Großteil des Wissens, was an der Schule gelehrt wird, überhaupt nicht benötigt wird und nur kostbare Zeit verschwende. Durch die komplexe und spezielle Ausbildung seien die Gehaltswünsche der neuen Arbeitnehmer viel zu hoch. Diese haben zwar das qualifizierte Wissen und damit auch den Anspruch auf mehr Gehalt, aber der Arbeitgeber benötigt die Vielzahl von Qualifikationen gar nicht mehr und würde zwar einen voll ausgebildeten Arbeitnehmer bezahlen, aber ihn beispielsweise nur zu 50% nutzen. Daher fordert die Industrie ein stark vereinfachte Ausbildung. Diese haben zwei Vorteile: ersten müsste der Arbeitgeber weniger Gehalt bezahlen und zweitens, die „Neuen" könnten direkt im Unternehmen angelernt werden, so dass sie sich gleich auf das eigene System einstellen können, ohne vorher etwas anderes gesehen zu haben.

---

[2] vgl. Luig, M. 1995: in diesem Text wird beschrieben, wie japanische Arbeitnehmer von ihrem Arbeitgeber abhängig sind, da sie eine reine betriebliche Ausbildung haben und es keine über-betriebliche Interessenvertretung gibt

Die dritte Interessensgruppe sind die Berufs- und Wirtschaftspädagogen. Seid Entwicklung des Berufskonzepts wurde darüber diskutiert. Seid Anfang der 80er Jahre allerdings hat die (berechtigte) Kritik an Präsenz und Deutlichkeit zugenommen. Dies hatte KUTSCHA Anfang der 1990er Jahre zum Anlass genommen, die „Idee der Beruflichkeit" zu entwickeln. Hierbei hat er die Kritik aufgegriffen und unter dem Stichwort der „Entberuflichung" der „neuen Beruflichkeit" gegenüber gestellt. Somit konnte er auf die Kritik eingehen ohne jedoch die Grundlage des Berufskonzeptes – die „Beruflichkeit" – aufgeben zu müssen. Daraus folgte eine Manifestierung des Begriffes und er rückte in das Zentrum der Reformdiskussionen (vgl. Kraus, K. 2005, S.576ff).

3. Employability im berufspädagogischen Diskurs

Ziel der Berufspädagogik ist die individuelle Vorbereitung und Befähigung auf eine Beschäftigung und somit fällt auch die Employability mit in dieses Ressort. Die Realität sieht ein wenig anders aus. Employability ist zwar ein aktuelles Schlagwort, das in der Wirtschaft und der Bevölkerung stark diskutiert wird, aber berufspädagogisch gesehen ist die Diskussion immer noch bei der Frage um Berufskonzept und Beruflichkeit. Employability wird durch das starke Berufskonzept bis lang nicht als Konkurrent gesehen, sonder viel mehr als eine Art Weiterbildungsmaßnahme, daher ist es nicht verwunderlich, dass eher die Personalabteilung eines Unternehmens den Begriff der „Employability" kennt (vgl. Kraus, K. 2005 S. 579f).

„Es lassen sich somit zwar auch aus der Berufspädagogik heraus einzelne Bezugnahmen auf 'Beschäftigungsfähigkeit' bzw. 'Employability' beobachten, die bislang vor allem den Begriff aufnehmen, ohne eine systematische Auseinandersetzung damit zu verbinden. Während das Berufskonzept nach wie vor stark durch den rechtlich und politisch regulierten Ausbildungsberuf geprägt ist [...] legt 'Employability' den Schwerpunkt auf die individuellen Fähigkeiten, die im Hinblick auf eine Beschäftigung eingefordert werden." (Kraus, K. 2005, S. 580)

Wie KRAUS (2005) selbst sagt ist in der Berufspädagogik noch ein großer Mangel an kritischer und systemischer Auseinandersetzung mit dem Begriff der Employability und dieses Forschungsfeld noch nicht genügend abgedeckt.

4. Der Herkunftskontext Großbritannien

Anfang des 20. Jahrhunderts ist der geschichtliche Ursprung des Begriffes (vgl. Oxford English Dictionary: 191). Er ist eng mit den Arbeitsmarktbedingungen und der Sozialpolitik verknüpft. Ausgangspunkt sind die Reformen der Armengesetzte 1834, bei denen ein so genannter „Arbeitshaus-Test" eingeführt wurde, um zu überprüfen, ob arme und bedürftige Menschen ein Recht auf staatliche Unterstützungen haben. Gemessen wurde die Leistungsfähigkeit der Menschen, ob und wenn ja, wie viel sie arbeiten können. Des weiteren regulierte man anhand dieses Testes die Höhe der staatlichen Unterstützungen. Dieser diskriminierende Arbeitshaus-Test sollte eine öffentliche Stigmatisierung vornehmen und somit die „Arbeitswilligkeit" fördern. Ähnliche Prinzipien wurden auch im 20. Jahrhundert bei dem „Beveridge-Modell" verwandt, die das Pondon zu Bismarcks Reformen sind. Während in Deutschland alles über Versicherungen geregelt ist wird es in Großbritannien über niedrigschwellige Finanzierungen durch Steuern geregelt, wobei auch hier wiederum das Ziel ist, dass durch zur Schau Stellung der eigenen Bedürftigkeit die sozialen Leistungen erst gar nicht beantragt werden (vgl. Kraus, K. 2005, S. 581).

ESPLING-ANDERSON (1998) beschreibt in seinem Text die drei Modelle eines Wohlfahrtstaates. Anhand dieser Modelle lassen sich die wichtigsten Faktoren zur Sicherung des Lebensunterhaltes und damit auch der beruflichen Tätigkeit verdeutlichen. Während in den angelsächsischen Ländern nach dem „Hire and Fire" Prinzip gearbeitet wird, ist es nahe liegend, keine langjährige Berufsausbildung zu durchlaufen, da man von heute auf morgen entlassen werden kann und einem ganz andern, neuen Job nachgehen muss, man benötigt „Allrounderfähigkeiten". Bei dem Arbeitsmarkt ist es allerdings möglich, als Seiteneinsteiger auch ganz nach oben zu kommen.

In Länder wie Deutschland, wo es schwer ist in den Arbeitsmarkt zu gelangen (wenn man allerdings einmal integriert ist, ist es auch schwer wieder heraus zu gelangen), benötigt man eine gute Fachausbildung, da man in seinem erlernten Beruf meist ein Leben lang ausübt und somit auch sehr gut ausgebildet sein muss. Hat man diese Ausbildung, kann man in seinem Betrieb auch weit kommen, allerdings nur in diesem, da man nur auf den Bereich qualifiziert ist.

5. Der bildungspolitische Kontext: internationale und nationale Akteure

„Wirtschaftlich gesehen sind Beschäftigungs- und Anpassungsfähigkeit der Menschen wesentlich für das Ziel, Europa zur wettbewerbsfähigsten und dynamischsten Wissenschaftsgesellschaft der Welt zu machen" (Kommission der Europäischen Gemeinschaften 2001, S.6).

Im Rahmen der europäischen Bildungspolitik ist das Stichwort „Employability" mit dem Stichwort des „Lebenslangen Lernens" zu sehen. Um das eine erlangen zu können, braucht man das andere. Das Ziel dieser beiden Faktoren sollte die „Wettbewerbsfähigkeit" sein, bzw. diese erhöhen und auf Europa bezogenen Wirtschaftswachstum und Beschäftigungssicherheit weiter zu stabilisieren und nach vorn zu bringen. Somit werden europäische Zielvorgaben zu nationalen Zielvorgaben, denn um dies zu erreichen, müssen die einzelnen Länder die Prinzipien umsetzen. Aus dieser Umsetzung erfolgen dann die Vorteile für Europa. Weiterhin wird auf diese Weise versucht eine „europäische Identität" (der Aufbau eines politischen Gebildes) zu gestallten und die Schaffung der Beschäftigungsfähigkeit als Grundlage für ein starkes Wirtschaftswachstum und der Reduzierung von Arbeitslosigkeit. Auf internationaler Ebene ist man sich einig, das Wettbewerbsfähigkeit, Wirtschaftswachstum und nationale, soziale Gemeinschaft, wesentliche Ziele von „Employability" sind und dies auch als ein bildungspolitische Ziel diskutiert wird. (vgl. Kraus, K. 2005, S .584f)

Auf nationaler Ebene greift beispielsweise die Gewerkschaft „VER.DI" den internationalen Gedanken auf, Beschäftigungsfähigkeit und Lebenslanges Lernen, um die Beschäftigung stärker zu sichern. Hier sollen vor allem die Arbeitgeber in die Pflicht genommen werden, mehr für ihre Arbeitnehmer zu tun. Das „Bündnis für Arbeit" hat vor allem die Zukunftschancen und -Sicherung der Jugendlichen im Visier und deren Wettbewerbsfähigkeit sowie die, der Wirtschaft. Das „Forum Bildung" greift ebenfalls das Stichwort „Employability" auf. Es taucht in den drei Leitsätzen für die „Bildungs- und Qualifizierungsziele" neben „Entwicklung der Persönlichkeit" und „Teilhabe an der Gesellschaft" auf, worin ein unmittelbarer Zusammenhang gesehen wird. Es ist gerade von diesem Forum angedacht, durch Bildung der Arbeitnehmer die Entwicklung zur Integration in den Arbeitsmarkt zu fördern (vgl. Kraus, K. 2005, S. 587f).

6. Zusammenfassung

„Es geht hier vorrangig um den Versuch, neben dem Beruf eine alternative Form arbeitsmarktrelevanter Qualifizierung zu etablieren. Diese Diskussion findet zwar auch in der Beruf- und Wirtschaftspädagogik Resonanz, stellt hier aber nicht den Schwerpunkt der Diskussion dar, die sich nach wie vor in erster Linie mit dem Beruf und Beruflichkeit befasst." (Kraus, K. 2005 S, 588)

Wie auf das Thema „Employability" reagiert wird, hängt maßgeblich mit der Position zusammen, die man in Punkto „Beruf" vertritt. Eine Vielzahl der Berufspädagogen sehen zwar den Beruf als reformbedürftig, wollen diesen aber lieber erweitern oder abändern, anstatt das Prinzip der „Employability" zu übernehmen. Im Verlauf der geschichtlichen Entwicklung des Berufs kamen schon mehrere alternative Gedanken, wie z.B.: „Schlüsselqualifikation" oder der Begriff der „Kompetenz". All diese Konzepte wurde mit dem Berufskonzept verknüpft und eingearbeitet, so dass man das Konzept an sich nicht ändern brauchte, viel mehr nahm man ein „Feintuning" vor. Ähnlich ist auch mit dem „Lebenslangen Lernen" verfahren worden (vgl. Kraus, K. 2005 589f).

Employability sollte nicht für die Bewältigung der jetzt herrschenden Probleme genutzt werden, ohne dass man vorher ein schlüssiges und vor allem zukunftsträchtiges Konzept erarbeitet hat. Es ist eventuell in der Lage, die jetzigen Probleme auf dem Arbeitsmarkt zu lösen (was aber auch keiner mit Sicherheit behaupten kann), allerdings stellt sich die Frage nach der Stabilität und den Zukunftsaussichten. Damit dieses Konzept, der Employability, funktioniert, muss unser Arbeitsmarkt so geöffnet werden, wie es in England oder den USA der Fall ist und dann ist immer noch die Frage, ob wir eine solche Politik und Mentalität auf unserem Arbeitsmarkt haben möchten. Die jetzigen Aussichten auf dem Arbeitsmarkt sind zwar nicht mehr so erfreulich wie noch vor 20 Jahren, aber gegenüber einem liberaler Arbeitsmarkt, wie er in den USA vorherrscht, sind unsere Bedingungen immer noch sehr viel Arbeitnehmer freundlicher und eher dazu geeignet eine Sicherheit für die Zukunft zu bieten. Die zentrale Frage, die sich in diesem Zusammenhang stellen sollte, lautet: „Wollen wir solche Arbeitsmarktbedingungen bei uns in Deutschland haben?"

Literaturverzeichnis

Berger, R. (2005): Innovation, Wachstum, Beschäftigung und Wohlstand in einer offenen Wirtschaft. www.wiwi.tu-cottbus.de/mikro/Download-Seite/Innovation_BTU-CB-12%20neu.pdf (Stand 19.11.2006)

Blancke, S. / Roth, C. / Schmid, J.S. (2000): Employability (Beschäftigungs-Fähigkeit) als Herausforderung für den Arbeitsmarkt. Auf dem Weg zur flexiblen Erwerbsgesellschaft. Eine Konzept- und Literaturstudie (Arbeitsbericht Nr. 157 der Akademie für Technikfolgenabschätzung in Baden-Württemberg

Espling-Anderson, Gøsta (1998): Die drei Welten des Wohlfahrtskapitalismus. Zur politischen Ökonomie des Wohlfahrtstaates. In: Lessenich, S. / Ostner, I. (Hrsg.): Welten des Wohlfahrtkapitalismus. Der Sozialstaat in vergleichender Perspektive. Frankfurt, New York

Fischer, H / Brümmer, R. (2001): Von der Arbeitsplatzsicherheit zur Beschäftigungsfähigkeit – das Employability-Konzept der Deutschen Bank AG. In: Lombriser / Uepping (2001): 158 - 168

Kraus, K. (2005):Employability versus Beruf? In: ZBW, 4 (2005) S. 574 – 592. Stuttgart

Kraus, K. (2006): Vom Beruf zur Employability? Zur Theorie einer Pädagogik des Erwerbs. Wiesbaden

Kommission der Europäischen Gemeinschaften (2001): Mittelungen der Kommission. Einen europäischen Raum des lebenslangen Lernens schaffen. [KOM(2001)678 endgültig]. Brüssel

Kutscha, G. (1992): „Entberuflichung" und „Neue Beruflichkeit" – Thesen und Aspekte zur Modernisierung der Berufsbildung und ihrer Theorie. In: ZBW 7 (1992) S. 536 – 54888. Stuttgart

Luig, M. (1995): Industrielle Beziehungen in Japan vor dem Hintergrund ökonomischer Internationalisierung, in: Bender, C: Luig, M.: Neue Produktionskonzepte und industrieller Wandel. Industriesoziologische Analyse innovativer Organisationsmodelle. Göttingen S. 39 - 60

Mertens, D (1974): Schlüsselqualifikationen – These zur Schulung für eine moderne Gesellschaft. In: Mitteilungen aus dem Arbeitsmarkt- und Berufsforschung 7 (1974) 1, S.36 - 43

Ratzek, W. (1999): Employability. Die Kunst der Selbstvermarktung. Aachen